AF326377

ORDONNANCE DU ROY,

Portant Restablissement & nouveaux Reglemens sur les Estapes.

Du treiziéme Juillet 1727.

A PARIS,

DE L'IMPRIMERIE ROYALE.

M. DCCXXVII.

ORDONNANCE DU ROY,

Portant Reſtabliſſement & nouveaux Reglemens ſur les Eſtapes.

Du 13. Juillet 1727.

DE PAR LE ROY.

SA MAJESTE' s'eſtant fait rapporter ſon Ordonnance du 15. Avril 1718. portant ſuppreſſion des Eſtapes ſur le motif des abus qui s'eſtoient gliſſez dans cette fourniture; Elle a examiné en même temps les avantages que le feu Roy ſon Biſayeul avoit retirez de cet eſtabliſſement, par la promptitude, la régularité & le ſecret des mouvemens de ſes Troupes, lorſque les conjonctures éxigeoient qu'elles paſſaſſent d'une de ſes Frontieres à celles oppoſées : Et eſtant d'ailleurs informée que ſes Troupes ſubſiſtent avec peine dans leurs marches, nonobſtant l'augmentation de ſolde qui leur avoit eſté accordée ; & que telle attention

A ij

que puissent avoir les Commandans des Corps, à les contenir dans une exacte discipline, les Soldats ne laissent pas d'exiger de leurs Hostes une partie de leur subsistance, sans les en rembourser, & même de prendre sur leur passage des Volailles, Légumes & autres Denrées, surtout lorsque plusieurs Bataillons arrivant ensemble dans un même lieu, ou s'y succedant immédiatement les uns aux autres, il ne s'y trouve pas suffisamment de vivres pour fournir à une consommation aussi considérable, ce qui donne journellement aux Sujets de Sa Majesté des occasions de luy en porter des plaintes : A quoy jugeant necessaire de pourvoir, & de faciliter en même temps aux Capitaines de ses Troupes les moyens de tirer des Provinces intérieures du Royaume, des Recrûës moins sujettes à desertion que celles qui se font sur les Frontieres ; Sa Majesté a resolu de revoquer ladite Ordonnance du 15. Avril 1718. & de former de nouveau un establissement également utile & avantageux à son Service, à ses Officiers & à ses Peuples, en prenant de justes mesures pour prévenir les inconvéniens & les abus ; & en consequence a ordonné & ordonne ce qui suit.

ARTICLE PREMIER.

VEUT SA MAJESTÉ que ladite Ordonnance du 15. Avril 1718. portant suppression des Estapes, soit & demeure revoquée ; & en conséquence, qu'à commencer du premier Janvier de l'année prochaine 1728. la fourniture desdites Estapes, tant en Rations de vivres que de fourrage, soit faite à ses Troupes dans les Villes & lieux de son Royaume où elles logeront en temps de Paix & en temps de Guerre, sur les Routes que Sa Majesté fera expedier pour les faire marcher, ainsi qu'il sera expliqué cy-après.

I I.

Ration de Fantassin.

LA Ration de vivres pour la nourriture d'un Fantassin, sera composée de vingt-quatre onces de pain cuit & rassis, entre bis & blanc, d'une pinte de vin mesure de Paris &

du

du crû du lieu, ou d'un pot de cidre ou de biére mesure
de Paris, & d'une livre de viande de bœuf, veau ou mouton,
au choix de l'Estapier.

I I I.

L A Ration de vivres qui sera fournie pour chaque
Garde du Corps, Gendarme, Chevau-leger ou Mousquetaire de la Garde, Gendarme ou Chevau-leger des
Compagnies d'Ordonnance de la Gendarmerie, & à chaque Grenadier à cheval, sera composée de deux pains de
vingt-quatre onces chacun, cuits & rassis, entre bis & blanc,
de deux pintes de vin mesure de Paris & du crû du lieu,
ou de deux pots de cidre ou biére mesure de Paris, & de
deux livres & demie de viande de bœuf, veau ou mouton,
au choix de l'Estapier.

Ration de Gendarmerie.

I V.

L A Ration de vivres pour un Cavalier sera composée
de trente-six onces de pain, d'une pinte & demie de vin,
ou d'un pot & demi de cidre ou de biére mesure de Paris,
& de deux livres de viande; le tout de même que cy-dessus.

Ration de Cavalerie.

V.

L A Ration de vivres pour un Dragon sera composée
de vingt-quatre onces de pain, d'une livre & demie de
viande, & d'une pinte de vin, ou d'un pot de cidre ou de
biére; le tout de même que cy-dessus.

Ration de Dragon.

V I.

L A Ration pour la nourriture d'un cheval, soit d'un Garde
du Corps, Gendarme, Chevau-leger, Mousquetaire, Gendarme ou Chevau-leger des Compagnies d'Ordonnance
de la Gendarmerie, de Grenadier à cheval, Cavalier, Hus-
sart & Dragon, ou d'Officier de Cavalerie, de Dragons &
d'Infanterie, sera composée de vingt livres de foin, & d'un
boisseau d'avoine mesure de Paris, dont les vingt-quatre
boisseaux font le septier de la même mesure : Et pour prévenir les contestations qui pourroient arriver au sujet de
cette mesure, il y en aura une quarrée dans chaque lieu
d'Estape, qui aura par le dedans huit pouces de tout sens,
sur dix pouces de haut, dont les douze font le pied de Roy;

Ration de Fourrage.

B

laquelle mefure rafe, fuivant l'évaluation qui en a efté faite, doit eftre cenfée le Boiffeau de Paris.

V I I.

Regiment des Gardes Fran-çoifes.

IL fera fourni à chaque Capitaine, & au Capitaine-Lieutenant de la Compagnie Colonelle, douze Rations de vivres de Fantaffin, & huit de fourrage, comme elles font réglées par les Articles II. & VI. de la prefente Ordonnance.

A chaque Lieutenant, dix Rations de vivres & fix de fourrage.

A chaque Sous-Lieutenant ou Enfeigne, fix Rations de vivres & quatre de fourrage.

A chaque Sergent, deux Rations de vivres & une de fourrage.

A chaque Caporal, Anfpeffade, Grenadier, Soldat ou Tambour, une Ration de vivres.

Les Capitaines dudit Regiment qui commanderont des Bataillons, ne doivent rien prétendre au-delà de la fourniture qui leur eft réglée comme Capitaines, fous prétexte dudit commandement.

Au Lieutenant-Colonel, lorfqu'il marchera avec ledit Regiment, dix Rations de vivres & fix de fourrage, outre celles qu'il doit avoir comme Capitaine.

Eftat-Major.

Au Major, douze Rations de vivres & huit de fourrage.

A chacun des Aydes-Majors, dix Rations de vivres & fix de fourrage.

A chacun des Sous-Aydes-Majors, fix Rations de vivres & quatre de fourrage.

A l'Aumônier, trois Rations de vivres & trois de fourrage.

A chacun des Medecin, Chirurgien & Apothicaire qui fe trouveront employez dans les revûës comme prefens, deux rations de vivres & deux de fourrage.

Au Tambour-Major, deux Rations de vivres & une de fourrage.

Au Prevoft, quatre Rations de vivres & trois de fourrage, s'il eft prefent.

A chacun des Lieutenant de Prevoft, & Greffier, deux Rations de vivres & deux de fourrage.

A chacun des Archers & à l'Executeur, une Ration de vivres & une de fourrage.

VIII.

Regiment des Gardes Suisses.

A CHAQUE Capitaine & au Capitaine-Lieutenant de la Compagnie generale, douze Rations de vivres & huit rations de fourrage, comme elles sont reglées par les Articles II. & VI.

A chaque Lieutenant, dix rations de vivres & six de fourrage.

A chaque Sous-Lieutenant ou Enseigne, six rations de vivres & quatre de fourrage.

A chaque Sergent, deux rations de vivres & une de fourrage.

A chaque Caporal, Anspessade, Soldat ou Tambour, une ration de vivres.

Les Capitaines dudit Regiment qui commanderont des Bataillons, ne doivent rien prétendre au-delà de la fourniture qui leur est reglée comme Capitaines, sous prétexte dudit commandement.

Les Capitaines-Lieutenans qui peuvent estre dans les autres Compagnies pour les commander en l'absence des Capitaines, ne recevront l'Estape que comme les Lieutenans dudit Regiment : Sa Majesté deffendant aux Officiers subalternes, qui dans les marches se trouveront commander une Compagnie, de prendre l'Estape en qualité de Commandans, mais seulement pour les Charges qu'ils auront dans les Compagnies dont ils seront.

Estat-Major.

Au Lieutenant-Colonel, lorsqu'il marchera avec ledit Regiment, dix rations de vivres & six de fourrage, outre celles qu'il doit avoir en qualité de Capitaine.

Au Major, douze rations de vivres & huit de fourrage.

Au Maréchal des Logis, trois rations de vivres & deux de fourrage.

A l'Aumônier, trois rations de vivres & trois de fourrage.

Au Chirurgien, deux rations de vivres & deux de fourrage.

A chacun des Sergent & Tambour-Major, deux rations de vivres & une de fourrage.

A chacun des Grand-Juge & Prevost, quatre rations de vivres & trois de fourrage.

A chacun des quatre Archers & à l'Executeur, une ration de vivres & une de fourrage.

I X.

Infanterie Françoise & Estrangere.

A chaque Capitaine d'Infanterie, six Rations de vivres & quatre de fourrage, comme elles font reglées par les Articles I I. & V I.

A chaque Lieutenant, quatre rations de vivres & deux de fourrage.

A chaque Enfeigne ou Sous-Lieutenant, trois rations de vivres & deux de fourrage.

A chaque Sergent, deux rations de vivres.

A chaque Caporal, Anfpeffade, Grenadier, Soldat ou Tambour, une ration de vivres.

Il fera auffi fourni aux Capitaines commandant les Bataillons, qui ne feront pas Chefs de Regimens, outre ce qu'ils doivent avoir en qualité de Capitaines, quatre rations de vivres & deux de fourrage ; fans que les autres Capitaines du Bataillon qui le commanderont en leur abfence, puiffent prétendre le même traitement, **Sa Majefté** voulant qu'ils reçoivent l'Eftape feulement comme Capitaines.

Eftat-Major.

Au Meftre de Camp, outre ce qu'il doit avoir comme Capitaine, six rations de vivres & quatre de fourrage.

Au Lieutenant-Colonel, outre ce qu'il doit avoir comme Capitaine, quatre rations de vivres, & deux de fourrage.

Au Major, six rations de vivres & quatre de fourrage.

A l'Ayde-Major, quatre rations de vivres & deux de fourrage.

Les Officiers qui font les fonctions d'Aydes-Majors dans les Regimens Suiffes, recevant l'Eftape en la qualité qu'ils ont dans leurs Corps, n'en doivent point avoir relativement aufdites fonctions.

Au

Au Maréchal des Logis, trois rations de vivres & deux de fourrage.

A l'Aumônier, deux rations de vivres & deux de fourrage.

Au Chirurgien, deux rations de vivres & une de fourrage.

Et dans les Regimens où il y a Prevoſté, au Prevoſt trois rations de vivres & deux de fourrage.

A chacun des Lieutenant de Prevoſt, & Greffier, deux rations de vivres & une de fourrage.

A chaque Archer & à l'Executeur, une ration de vivres.

X.

SA Majeſté veut que les Officiers reformez qui ſervent à la ſuite des Regimens d'Infanterie Françoiſe & Eſtrangere, reçoivent l'Eſtape tant pour eux que pour leurs chevaux, comme s'ils eſtoient en pied. *Officiers Reformez d'Infanterie.*

XI.

IL ſera fourni à chaque Lieutenant, huit rations de vivres & douze de fourrage, comme elles ſont reglées par les Articles III. & VI. de la preſente Ordonnance. *GENDARMERIE.*

Gardes du Corps.

A chaque Enſeigne, ſix rations de vivres & neuf de fourrage.

A chaque Exempt, trois rations de vivres & quatre rations & demie de fourrage.

A chaque Brigadier & Sous-Brigadier, deux rations de vivres & trois de fourrage.

A chaque Garde, Timbalier ou Trompette, une ration de vivres & une ration & demie de fourrage.

Au Garçon Chirurgien qui eſt à la ſuite de chaque Brigade, une demi-ration de vivres & une ration de fourrage.

Au Maréchal-ferrant qui eſt auſſi à la ſuite de chaque Brigade, une demi-ration de vivres & une ration de fourrage.

Lorſque l'un des deux Aydes-Majors du corps, ſe trouvera marcher avec les quatre Compagnies, il prendra pour l'Eſtape, comme Enſeigne, ſix rations de vivres & neuf de fourrage. *Officiers Majors.*

Il ſera fourni à chacun des quatre Aydes-Majors qui

servent à la suite desdites quatre Compagnies, quatre rations de vivres & six de fourrage.

A chacun des quatre Aumôniers qui servent à la suite desdites Compagnies, deux rations de vivres & trois de fourrage.

A chacun des quatre Chirurgiens qui sont aussi à la suite desdites Compagnies, une ration de vivres & une ration & demie de fourrage.

A chacun des quatre Selliers qui sont aussi à la suite desdites Compagnies, une demi-ration de vivres & une ration de fourrage.

X I I.

*Gendarmes,
Chevaux-Legers
& Mousque-
taires.*

IL sera fourni à chaque Capitaine-Lieutenant, huit Rations de vivres & douze de fourrage, comme elles sont réglées par les Articles III. & VI. de la presente Ordonnance.

A chaque Sous-Lieutenant, six rations de vivres & neuf de fourrage.

A chaque Enseigne, Guidon ou Cornette, quatre rations de vivres & six de fourrage.

A chaque Maréchal des Logis, deux rations de vivres & trois de fourrage.

A chaque Brigadier, Sous-Brigadier, Porte-Estendard, Gendarme, Chevau-leger, Mousquetaire, Timbalier, Trompette, Hautbois & Tambour, une ration de vivres & une ration & demie de fourrage.

A chacun des Aumôniers desdites Compagnies, deux rations de vivres & trois de fourrage.

A chaque Chirurgien, une ration de vivres & une ration & demie de fourrage.

A chaque Fourrier, Sellier, Maréchal-ferrant & à l'Apothicaire, qui servent à la suite desdites Compagnies, une demi-ration de vivres & une ration de fourrage.

X I I I.

*Compagnies
d'Ordonnance de
la Gendarmerie.*

IL sera fourni à chaque Capitaine-Lieutenant des seize Compagnies de Gendarmerie, huit Rations de vivres & douze de fourrage, comme elles sont réglées par les Articles III. & VI. de la presente Ordonnance.

A chaque Sous-Lieutenant, six rations de vivres & neuf de fourrage.

A chaque Enseigne, Guidon ou Cornette, quatre rations de vivres & six de fourrage.

A chaque Maréchal des Logis, deux rations de vivres & trois de fourrage.

A chaque Brigadier, Sous-Brigadier, Porte-Estendard, Gendarme, Chevau-Leger, Timbalier & Trompette, une ration de vivres & une ration & demie de fourrage.

A chaque Sellier & Maréchal-ferrant qui servent à la suite desdites Compagnies, une demi-ration de vivres & une ration de fourrage.

A l'Ayde-Major, six rations de vivres & neuf de fourrage. *Officiers Majors.*

Au Sous-Ayde-Major, quatre rations de vivres & six de fourrage.

A chacun des deux Aumôniers, deux rations de vivres & trois de fourrage.

A chaque Chirurgien, une ration de vivres & une ration & demie de fourrage.

X I V.

IL sera fourni au Capitaine-Lieutenant huit Rations de vivres & douze de fourrage, comme elles sont réglées par les Articles III. & VI. de la présente Ordonnance. *Compagnie des Grenadiers à cheval.*

A chaque Lieutenant, six rations de vivres & neuf de fourrage.

A chaque Sous-Lieutenant, quatre rations de vivres & six de fourrage.

A chaque Maréchal des Logis, deux rations de vivres & trois de fourrage.

A chaque Sergent, Grenadier-à-Cheval & Tambour, une ration de vivres & une ration & demie de fourrage.

Au Chirurgien de ladite Compagnie, une ration de vivres & une ration & demie de fourrage.

Aux Fourrier, Sellier, Frater, & à chacun des deux Maréchaux-ferrans qui seront presens à ladite Compagnie, une demi-ration de vivres & une ration de fourrage.

X V.

LES Officiers tant des Compagnies des Gardes du Corps, Gendarmes, Chevaux-legers & Moufquetaires de la garde de Sa Majefté, que des feize Compagnies de Gendarmerie & de la Compagnie des Grenadiers à Cheval, qui fe trouveront commandans, ne prendront l'Eftape que pour la Charge dont ils feront pourvûs par Sa Majefté dans lefdites Compagnies ; ce qui fera également obfervé à l'égard de ceux qui feront les fonctions de Majors ou Aydes-Majors des Compagnies des Gendarmes, Chevaux-legers ou Moufquetaires de la garde, & de la Compagnie des Grenadiers à Cheval de Sa Majefté.

X V I.

IL fera fourni à chaque Capitaine de Cavalerie & de Huffarts, fix Rations de vivres & fix de fourrage, comme elles font reglées par les Articles I V. & V I. de la prefente Ordonnance.

A chaque Lieutenant, quatre rations de vivres & quatre de fourrage.

A chaque Cornette, trois rations de vivres & trois de fourrage.

A chaque Marêchal des Logis, deux rations de vivres & deux de fourrage.

A chaque Brigadier, Cavalier, Timbalier & Trom-pette, une ration de vivres & une de fourrage.

Au Meftre de Camp, outre ce qu'il doit avoir en qualité de Capitaine, fix rations de vivres & fix de fourrage.

Au Lieutenant-Colonel, outre ce qu'il doit avoir en qualité de Capitaine, quatre rations de vivres & quatre de fourrage.

Au Major, fix rations de vivres & huit de fourrage.

A l'Ayde-Major, quatre rations de vivres, & quatre de fourrage.

A l'Aumônier, deux rations de vivres & deux de fourrage.

Au Chirurgien, une ration de vivres & une de fourrage.

XVII.

X V I I.

IL sera fourni à chaque Capitaine de Dragons, six *Dragons.*
Rations de vivres & six de fourrage, comme elles sont
reglées par les Articles V. & VI. de la presente Ordonnance.

A chaque Lieutenant, quatre rations de vivres & quatre
de fourrage.

A chaque Cornette, trois rations de vivres & trois de
fourrage.

A chaque Maréchal des Logis, deux rations de vivres
& deux de fourrage.

A chaque Brigadier, Dragon ou Tambour, une ration
de vivres & une de fourrage.

Au Mestre de Camp, outre ce qu'il reçoit en qualité *Estat-Major.*
de Capitaine, six rations de vivres & six de fourrage.

Au Lieutenant-Colonel, outre ce qu'il reçoit en qualité de Capitaine, quatre rations de vivres & quatre de
fourrage.

Au Major, six rations de vivres, & huit de fourrage.

A l'Ayde-Major, quatre rations de vivres & quatre de
fourrage.

A l'Aumônier, deux rations de vivres & deux de
fourrage.

X V I I I.

LES Officiers Reformez qui servent à la suite des Regi- *Officiers Re-*
mens de Cavalerie, Hussarts & Dragons, recevront l'Estape *formez de Cava-*
comme s'ils estoient en pied; sçavoir, ceux de Cavalerie & *lerie, Hussarts*
de Hussarts, comme les Officiers en pied de Cavalerie & de *& Dragons.*
Hussarts; & ceux de Dragons, comme les Officiers en
pied de Dragons.

X I X.

A l'égard des Officiers des Estats Majors généraux des *Estats-Ma-*
Suisses, de la Cavalerie & des Dragons, lorsqu'ils mar- *jors generaux.*
cheront sur des Routes & par ordre de Sa Majesté, Elle
se reserve de regler le traitement qu'Elle jugera à propos
de leur accorder.

D

X X.

IL ſera fourni à chaque Commiſſaire des guerres qui ſe trouvera à la ſuite & conduite des Troupes, ſoit de Gendarmerie, Cavalerie, Huſſarts, Dragons ou d'Infanterie, ſix rations de vivres de Fantaſſin, & quatre de fourrage, comme elles ſont reglées par les Articles II. & VI.

X X I.

LA fourniture de l'Eſtape, telle qu'elle eſt reglée par les Articles précédens, tant en vivres qu'en fourrage, ſera faite en temps de Guerre ſans aucun retranchement aux Capitaines & Lieutenans conduiſant des Recrûës ou Remontes : Mais Sa Majeſté conſidérant que durant la Paix leſdits Officiers n'ont pas, à beaucoup près, le nombre de chevaux qu'ils entretiennent pendant la Guerre, Elle a ordonné & ordonne qu'ils ne recevront pendant la Paix que la moitié des fourrages qui ſont attribuez à leur grade, ſans qu'il puiſſe leur eſtre rien retranché ſur les rations de vivres, qui leur ſeront fournies en tout temps ſur le même pied.

X X I I.

SA Majeſté veut que les diſtributions reglées par la preſente Ordonnance, ſoient faites aux preſens & effectifs ſeulement, & qu'il ne ſoit rien exigé pour les abſens, ſous quelque pretexte que ce ſoit : Et pour cet effet, Elle ordonne aux Commiſſaires des Guerres chargez de la police de ſes Troupes, de faire des revûës exactes de celles qui ſe trouveront dans leurs départemens, quand elles recevront des ordres pour marcher ; d'écrire ces revûës à l'endroit déſigné ſur les Routes, ainſi qu'il leur eſt preſcrit cy-après; & d'y nommer les Officiers preſens & abſens ; & mettre tout au long & ſans chiffre le nombre des Soldats, Cavaliers ou Dragons, & celuy des chevaux effectifs, pour que ces revûës ſervent, pendant les marches, à faire connoiſtre aux Maires, Echevins, Conſuls, Syndics ou Marguilliers des Villes & lieux de paſſage, les noms & qualitez des Officiers qui paſſeront en revûë devant eux, & le

nombre des Soldats, Cavaliers ou Dragons dont les Troupes eſtoient compoſées le jour de leur départ.

XXIII.

LORSQU'UN Regiment ſe trouvera diſperſé en diffe-
rens quartiers, le Commiſſaire des Guerres qui en aura la
Police, n'en fera la revûë que dans le lieu d'Aſſemblée
d'où le Corps devra partir : Et ſi quelques Compagnies,
en venant audit lieu d'aſſemblée ſur des routes particu-
liéres, ſe trouvoient avoir pris dans quelques Villes ou lieux
de leur paſſage, un plus grand nombre de rations que
celuy qu'ils auroient dû recevoir pour les effectifs, Sa Majeſté, ſur la vérification qui ſera faite de cet excedent, fera
mettre en priſon pour un mois les Officiers qui auront
conduit leſdites Compagnies, & retenir ſur leurs appointemens le double de la valeur de ce qu'ils auront pris de trop,
pour eſtre remis, moitié aux Eſtapiers pour les indemni-
ſer de la radiation qui en ſera faite dans leurs comptes, &
l'autre moitié à l'Hôpital du lieu, ou à celuy qui en ſera
le plus prochain.

Deffenſes aux Officiers de pren-dre l'Eſtape au de-là des effec-tifs, en allant des quartiers où ils ſe trouveront, à celuy d'aſſem-blée.

XXIV.

LES Commiſſaires des Guerres envoyeront au Secretaire d'Eſtat & des Commandemens de Sa Majeſté, ayant
le Département de la Guerre, des extraits des revûës qu'ils
auront faites pour ſervir à la fourniture des Eſtapes, dans
leſquels ils feront mention des jours que leſdites Troupes
commenceront à marcher.

Envoy des Revûës par les Commiſſaires.

XXV.

S'IL arrivoit que lors du départ d'une Troupe il n'y euſt
point de Commiſſaire à portée d'en faire la revûë, l'intention de Sa Majeſté eſt que le Treſorier des Troupes
du lieu du départ, tranſcrive au dos de la Route l'extrait
de la derniére revûë ; & qu'il faſſe viſer l'extrait ainſi tranſ-
crit, par le Gouverneur ou Commandant & le Major
de la place d'où la Troupe partira, ou par l'Intendant ou
ſes Subdéleguez dans les Villes interieures du Royaume,
pour ſervir de regle à la fourniture de l'Eſtape, au deffaut
de celle du Commiſſaire des Guerres.

Pour ſuppléer au défaut de Revûë de Com-miſſaire.

XXVI.

*Procès-verbaux
des Officiers
abſens.*

L'INTENTION de Sa Majeſté n'eſtant pas que les Officiers abſens par ſemeſtre ou congé, perdent leurs appointemens pour le temps que leurs Regimens ou Compagnies auront eſté en route ; Elle ordonne aux Commiſſaires des Guerres qui feront les revûës des Troupes qui auront ordre de marcher, de faire en même temps des procès-verbaux deſdits Officiers abſens, d'en envoyer une expedition au Secretaire d'Eſtat ayant le département de la Guerre, en luy adreſſant l'extrait de la revûë qu'ils auront faite; & d'en remettre une autre à l'Officier chargé du détail de la Troupe, pour ſervir à juſtifier l'abſence deſdits Officiers, lorſqu'à leur retour il fera faire le décompte de leurs appointemens

XXVII.

*Peine contre
ceux qui pren-
nent l'Eſtape
pour des Officiers
abſens ou Char-
ges vacantes.*

SI quelques Commandans de Corps, Majors, Aydes-Majors, ou Officiers chargez du détail, faiſoient paſſer preſens des Officiers abſens, ou qu'ils priſſent l'Eſtape pour des Charges vacantes, ou enfin qu'ils fiſſent paſſer des Officiers en des qualitez qu'ils n'auroient pas, pour avoir un plus grand nombre de rations d'Eſtape qu'il ne leur en eſt attribué par la preſente Ordonnance, Sa Majeſté les fera caſſer, & mettre en priſon pendant un an.

XXVIII.

*Revûës des
Magiſtrats.*

SA Majeſté ordonne que ſes Troupes, tant d'Infanterie, que de Gendarmerie, Cavalerie & Dragons, qui marcheront à l'avenir ſuivant ſes Routes, donnent avis, deux ou trois heures d'avance, de leur arrivée dans chacune des Villes & lieux où elles iront loger ; afin que les Maires, Echevins, Conſuls, Syndics ou Marguilliers puiſſent ſe tenir preſts pour en faire une revûë exacte; en laquelle Sa Majeſté leur enjoint de ne paſſer que les preſens & effectifs, tant Officiers, que Gardes du Corps, Gendarmes, Chevaux-legers, Mouſquetaires, Gendarmes & Chevaux-legers de ſes Compagnies d'Ordonnance de la Gendarmerie, Grenadiers à cheval, Cavaliers, Huſſarts, Dragons, ou Soldats; Voulant Sa Majeſté qu'ils écrivent tout

au

au long & fans chiffre le nombre des préfens & effectifs de chaque qualité, à l'endroit pour ce deftiné dans la Route fur laquelle ils doivent recevoir l'Eftape, & qu'ils faffent mention du jour de l'arrivée de la Troupe, & de celuy de fon départ; fans pouvoir, fous quelque prétexte que ce foit, comprendre dans lefdites revûës un plus grand nombre d'hommes ou de chevaux, que celuy porté par la revûë du Commiffaire, bien entendu qu'ils en retrancheront le nombre dont la Troupe fe trouvera diminuée depuis ladite revûë.

<h3 style="text-align:center">X X I X.</h3>

LORSQUE dans quelques lieux de la route il fe trouvera des Commiffaires des Guerres, ils feront la Revûë de la Troupe en préfence des Officiers Municipaux, & en écriront & fîgneront l'Extrait en la forme cy-deffus prefcrite, dans les intervalles qui y font deftinez; Voulant Sa Majefté que dans les lieux où la Troupe paffera après cette derniere Revûë, les Officiers Municipaux fe conforment à ladite Revûë du Commiffaire, fans avoir égard à celle qui aura efté precedemment faite par un Commiffaire.

Revûës des Commiffaires aux paffages des Troupes.

<h3 style="text-align:center">X X X.</h3>

A l'égard des Officiers conduifant des Recrûës, qui pourroient joindre leur Regiment en route, Veut Sa Majefté que cette jonction ne fe faffe que dans une des Villes de la Route où il fe trouvera un Commiffaire; lequel retirera la Route fur laquelle ladite Recrûë aura marché, pour la renvoyer au Secretaire d'Eftat de la Guerre, & comprendre ledit Officier & les Soldats de fa Recrûë dans la Revûë dont il tranfcrira l'Extrait fur la Route du Regiment; obfervant d'y marquer le jour que ladite Recrûë y aura efté incorporée, & le numero de la Route fur laquelle ladite Recrûë avoit reçû l'Eftape dans fa marche.

Officiers & Recrûës qui joindront les Corps en route.

<h3 style="text-align:center">X X X I.</h3>

LES Magiftrats feront trois Copies des Extraits defdites Routes & Revûës, dont ils en remettront une fur le champ à l'Eftapier, fur laquelle il fera fa fourniture; en adrefferont une autre au Secretaire d'Eftat de la Guerre, & envoyeront

Envoy des Revûës des Magiftrats, & Certification des Commandans des Corps.

E

la troifiéme à l'Intendant de la Generalité. Veut Sa Majefté que l'Officier chargé du détail, & le Commandant du Corps, foient tenus de certifier fur chacune de ces trois Copies, la quantité de rations de vivres & de fourrage qui aura efté fournie en conféquence de ladite Revûë ; & qu'elles foient auffi fignées de tous ceux du Corps de la Ville ou Communauté, qui auront affifté à la Revûë.

X X X I I.

Peine contre les Magiftrats qui manqueront d'envoyer leurs Revûës & copies des Routes.

ORDONNE Sa Majefté que les Officiers des Villes ou Communautez qui auront manqué d'envoyer trois jours après le paffage d'une Troupe, au Secretaire d'Eftat de la Guerre, & à l'Intendant de la Generalité, les copies des Extraits defdites Routes & Revûës, & Certificats de Fournitures, payent en leurs propres & privez noms pour chaque fois qu'ils y auront manqué, trois cens livres d'amende appliquable à l'Hôpital du lieu, ou du plus prochain ; & en outre rembourfent à l'Eftapier l'Eftape qu'il aura fournie, & qui luy aura efté rayée, à quoy ils feront contraints comme pour les deniers de Sa Majefté.

X X X I I I.

Regiftres des Magiftrats.

IL fera tenu par les Maires, Echevins, Confuls, Syndics ou Marguilliers des Villes & lieux d'Eftape, des Regiftres cottez par premiere & derniere page, & paraphez d'eux & des Intendans, ou de leurs Subdeleguez, dans lefquels ils écriront tout au long, fans chiffre ni abreviation, les Extraits de Routes & Revûës fur lefquels ils feront fournir l'Eftape, enfemble le reçû que les Officiers auront donné à l'Eftapier, de la quantité de rations qu'il aura fournie en conformité des Extraits de Route & Revûë : Voulant Sa Majefté que lefdites Copies, ainfi enregiftrées, foient fignées tant par lefdits Officiers Municipaux que par le Commandant de la Troupe, de la Recrûë ou de la Remonte à laquelle l'Eftape aura efté fournie.

X X X I V.

Prefence des Majors ou autres aux diftributions.

LE Major ou l'Ayde-Major, ou celuy qui en fera la fonction en chaque Corps d'Infanterie, Cavalerie, Huffarts & Dragons, fera prefent à la diftribution de l'Eftape qui fera fournie aux Officiers, Soldats, Cavaliers, Huffarts ou Dragons : Et les Maréchaux des Logis ou Fourriers, feront pareillement prefens aux diftributions qui s'en feront aux Gardes du Corps, Gendarmes, Chevaux-legers, Moufquetaires, Gendarmes ou Chevaux-legers de la Gendarmerie, & Grenadiers à cheval de Sa Majefté.

X X X V.

LORSQUE des Soldats, Cavaliers ou Dragons refteront malades dans les Hôpitaux des Villes & Garnifons d'où partiront les Regimens dont ils feront, ou dans ceux des Villes & lieux de paffage, les Officiers commandant lefdits Regimens, & les Majors ou Aydes-Majors laifferont entre les mains des Commandans des Places où lefdits Soldats, Cavaliers ou Dragons feront à l'Hôpital, ou des Maires & Echevins dans les lieux où il n'y a point de Commandant, des Certificats moulez, dans la forme de ceux qui font prefcrits pour les Congez Militaires; en conféquence defquels certificats qui feront fignez du Commandant & du Major du corps, & de la copie de la Route de Sa Majefté, qui fera écrite au dos defdits certificats, l'Eftape fera fournie aufdits Soldats, Cavaliers ou Dragons, quand ils iront rejoindre leur troupe, en fe prefentant aux Magiftrats des Villes & lieux où leur corps aura paffé : Sa Majefté ordonne pareillement aufdits Officiers commandans & aux Majors, de laiffer entre les mains des Maires, Echevins, Confuls, Syndics ou Marguilliers, des eftats fignez d'eux des noms defdits Soldats, Cavaliers ou Dragons, dans lefquels ils feront mention des lieux où ils feront reftez malades, & d'en envoyer des doubles au Secretaire d'Eftat de la guerre; Sa Majefté voulant que ceux defdits certificats moulez qui pourroient devenir inutiles par la mort des Soldats, Cavaliers, ou Dragons aux noms defquels ils avoient efté expédiez, foient renvoyez au Secretaire d'Eftat de la guerre par lefdits Commandans des Places, ou par les Maires & Echevins entre les mains defquels ils avoient efté dépofez. Et pour la décharge des Eftapiers, les Officiers municipaux leur délivreront des copies defdits certificats, fur

Sur les hommes reftez malades dans les Hôpitaux au depart des Troupes, ou en route.

lefquelles ils marqueront que l'Eftape doit eftre fournie aux nommez tels ; & ils en envoyeront de femblables copies au Secretaire d'Eftat de la guerre, & à l'Intendant de la Generalité.

X X X V I.

Fourniture de l'Eftape aux hommes fans chevaux, & chevaux non-montez.

LORSQUE dans la Gendarmerie, la Cavalerie ou les Dragons il fe trouvera des hommes qui n'auront point de chevaux, ou des chevaux pour des hommes qui manqueront ; Sa Majefté veut & ordonne que lefdits Gendarmes, Cavaliers ou Dragons qui feront fans chevaux, reçoivent l'Eftape pour leur perfonne feulement, & qu'il foit fourni une ration de fourrage pour chacun des chevaux non montez, & deftinez pour les hommes qui manqueront.

X X X V I I.

Contre ceux qui exigent autre chofe que le fimple logement.

SA MAJESTÉ deffend très expreffément à tous Chefs de fes Troupes & Officiers, Gardes de fon Corps, Gendarmes, Chevaux-legers, Moufquetaires, Gendarmes ou Chevaux-legers de fes Compagnies d'Ordonnance de la Gendarmerie, Grenadiers à cheval, Cavaliers, Huffarts, Dragons & Soldats, de prendre chez leurs Hôtes autre chofe que le fimple couvert, avec le lit comme ils le pourront fournir, & la place au feu & à la chandelle defdits Hôtes ; & de convertir aucune des chofes fufdites en argent, pour quelque caufe & fous quelque prétexte que ce puiffe être, à peine aux Officiers d'eftre caffez & privez de leurs Charges ; aux Gardes du Corps, Gendarmes, Chevaux-legers & Moufquetaires, d'eftre auffi caffez, & mis en prifon pour un an ; & aux Cavaliers, Huffarts, Dragons & Soldats, à peine de la vie.

X X X V I I I.

Renvoy des Routes pour la marche des corps.

AUSSI-TOST qu'une Troupe fera arrivée à la Garnifon, à l'Armée, ou aux lieux où elle aura eu ordre de fe rendre, le Commandant ou le Major renvoyera au Secretaire d'Eftat de la guerre la Route fur laquelle elle aura marché, & luy adreffera auffi les procès-verbaux des Officiers qui eftoient abfens ; pour, après avoir fait vérifier s'il n'a rien efté fourni pour lefdits Officiers abfens, eftre

lefdits

lefdits procès-verbaux renvoyez aufdits Commandans ou Majors.

XXXIX.

LORSQUE Sa Majefté trouvera à propos d'accorder des Routes pour des Recrûës ou Remontes, Elle veut & entend que les Majors des Regimens, tant d'Infanterie, que de Cavalerie, Huffarts & Dragons, & les Aydes-Majors des Bataillons qui feront féparez des Corps des Regimens, envoyent au commencement du quartier d'hyver, au Secretaire d'Eftat de la guerre, les memoires des Routes dont chaque Capitaine aura befoin, foit pour les Recrûës d'hommes, ou les chevaux de remonte de fa Compagnie; dans lefquels memoires ils marqueront le nombre qui manquera à chaque Compagnie pour la rendre complette fur le pied de la derniere revûë qui en aura efté faite, & dans lefquels ils défigneront le premier lieu d'Eftape où la Route devra commencer, qui fera toûjours, autant qu'il fera poffible, une Ville ou un chef-lieu d'Election ou de Juftice Royale.

Memoires fur lefquels les Routes de Recrûës ou de Remontes feront expédiées.

X L.

VEUT Sa Majefté que toutes les Routes qui feront expediées pour faciliter aux Officiers les moyens de faire des recrûës & remontes, foient adreffées ou remifes ès mains du Major de chaque Regiment, lequel en tiendra un controlle, où il marquera à qui il les aura délivrées ou envoyées: Et que les Officiers à qui elles auront efté diftribuées, foient obligez à leur retour au Corps de les luy remettre, pour les renvoyer au Secretaire d'Eftat de la Guerre, en luy marquant le nombre d'hommes ou de chevaux arrivez fur chaque route; l'intention de Sa Majefté eftant que l'Officier qui manquera de rendre audit Major la Route qui luy aura efté delivrée, foit privé de trois mois de fes appointemens, qui feront donnez à tel Hôpital que Sa Majefté jugera à propos: Et au cas que par negligence ledit Major manque à renvoyer au Secretaire d'Eftat de la Guerre les Routes qui luy auront efté remifes, & celles qui pourroient luy eftre reftées ès mains, avec

Renvoy des Routes de recrûës ou remontes par les Majors.

F

l'eſtat des recruës ou remontes arrivées ſur ces Routes, il ſera mis en priſon pour un mois.

X L I.

Route remiſe directement à l'Officier.

Si néantmoins il convenoit au bien du ſervice de faire délivrer directement quelques Routes à des Officiers, il en ſera donné avis aux Majors du corps dont ils ſeront, afin qu'ils puiſſent ſe les faire remettre à l'arrivée deſdits Officiers, & ſe faire rendre compte de l'uſage qui aura eſté fait deſdites Routes, pour les envoyer au Secretaire d'Eſtat de la guerre, avec les obſervations preſcrites par la preſente Ordonnance.

X L I I.

Signatures des Officiers ſur les Regiſtres des Magiſtrats, & ſur les Reçûs qu'ils donneront aux Eſtapiers.

Et comme il eſt important, pour prevenir les abus qu'on pourroit faire deſdites routes, de ſçavoir les noms des Officiers qui en ſeront porteurs, Sa Majeſté leur ordonne de ſigner leurs noms ſans déguiſement, & de marquer leurs qualitez ſur les reçûs qu'ils donneront aux Eſtapiers, ainſi que ſur les regiſtres des Magiſtrats, & ſur les copies des Routes qui doivent eſtre fournies aux Intendans & envoyées au Secretaire d'Eſtat ayant le département de la guerre, à peine d'eſtre caſſez & privez de leurs charges, & mis en priſon pendant trois ans; obſervant cependant qu'ils prendront l'Eſtape en la qualité réglée par la Route, quand même ils auroient un grade ſuperieur ou inferieur.

X L I I I.

Contre les Paſſe-volans.

Si quelques Commandans de Corps ou Conducteurs de Recrûës, faiſoient paſſer en reÿûë des Vagabonds, Gens ſans aveu, & même des Valets & autres Paſſe-volans ſur le pied de Soldats, pour en tirer l'Eſtape à leur profit; Sa Majeſté veut que leſdits Vagabonds, Gens ſans aveu, ou Valets, ſoient arrêtez ſur le champ & mis en priſon par les Maires, Echevins, Conſuls, Syndics ou Marguilliers, & dénoncez aux Prevôts généraux ou autres Officiers des Marêchauſſées ſur les lieux; leſquels, après avoir eſtabli la preuve que les Particuliers arreſtez eſtoient Paſſe-volans & non engagez, les condamneront aux Galeres à perpetuité: Et au cas que leſdits Paſſe-volans ne fuſſent pas reconnus dans le temps de ladite Revûë, ou avant que la Troupe ou Recruë fût partie du lieu, & qu'ils se trouvassent ensuite dans la Ville ou aux environs, Veut pareillement Sa Majesté qu'ils soient arrestez par lesdits Prevôts des Marêchaux, ou autres Officiers des Marêchaussées ausquels ils auroient esté dénoncez ; & qu'en conséquence de la présente Ordonnance, ils soient condamnez à la même peine des Galeres à perpetuité. Ordonne Sa Majesté ausdits Magistrats d'en informer le Secretaire d'Estat de la guerre, pour en rendre compte à Sa Majesté, & recevoir ses ordres pour faire casser les Officiers qui auront presenté lesdits Passe-volans aux Revûës, & leur faire subir une année de prison.

X L I V.

VEUT Sa Majesté que les Maires, Echevins, Consuls, Syndics ou Marguilliers des Villes & lieux de passage, fassent saisir & arrester les Mules & Mulets qui pourroient leur estre presentez sur des Routes de Remontes ou de Recrûës, & qu'ils en donnent avis sur le champ au Secretaire d'Estat de la guerre, pour recevoir les ordres de Sa Majesté, tant sur la vente desdites Mules ou Mulets, que sur le chastiment du Capitaine ou autres Officiers qui se trouveront avoir abusé de ladite Route : Déclarant Sa Majesté que le prix desdites Mules & Mulets sera distribué, les deux tiers à ceux qui auront fait la saisie, & l'autre tiers à l'Hôpital du lieu ou du plus prochain.

Sur l'abus des Routes de remontes.

X L V.

LORSQUE des Officiers meneront au Corps, des Soldats de Recruë hors d'estat de servir, & qui seront renvoyez par le Mestre de Camp ou Commandant, conjointement avec le Commissaire des Guerres ; sur le compte qui en sera rendu à Sa Majesté, en conséquence de l'avis que lesdits Mestre de Camp ou Commandant & Commissaire en donneront au Secretaire d'Estat de la guerre, Elle donnera ses ordres pour faire retenir sur les Appointemens desdits Officiers, la valeur de l'Estape inutilement consommée par lesdits Soldats renvoyez.

Retenuë d'appointemens aux Officiers qui meneront à leur corps, des Soldats de Recruë hors d'estat de servir.

X L V I.

Nombre des
hommes de Re-
crûë, reglé à six
au moins.

DEFFEND Sa Majesté aux Maires, Echevins, Consuls, Syndics ou Marguilliers des Villes & lieux d'Estape, de donner le logement & faire fournir l'Estape à aucun Officier porteur de Route de Sa Majesté, qui menera moins de six hommes de Recrûë, lorsque la Route sera pour un plus grand nombre, sous peine d'estre obligez en leurs noms au payement de l'Estape qui aura esté fournie, & à cent livres d'amende appliquable à l'Hôpital du lieu où du plus prochain. Entend néanmoins Sa Majesté, que si l'Officier porteur de semblable Route estoit parti du lieu où il auroit fait sa Recrûë, avec le nombre de six hommes ou plus, & qu'il en eust perdu quelqu'un, soit par desertion ou autrement, l'Estape luy soit fournie pour luy & les hommes qu'il conduira, en justifiant par l'extrait de la Revûë des Maires, Echevins, Consuls, Syndics ou Marguilliers, ou d'un Commissaire des guerres des lieux où il aura passé, que le nombre d'hommes qu'il avoit dans les premiers jours qu'il a marché, estoit de six hommes au moins.

X L V I I.

Surannation des Routes.

SI quelques Officiers se presentoient dans une Ville ou lieu d'Estape avec une Route de Recrûë ou de Remonte expediée depuis plus de six mois, l'Estape ne leur sera pas fournie ; Sa Majesté voulant en ce cas qu'elle soit retenuë & renvoyée au Secretaire d'Estat de la guerre par les Maires, Echevins, Consuls, Syndics ou Marguilliers, qui observeront cependant que si l'Officier conducteur d'une Recrûë ou Remonte, estoit parti du lieu indiqué par sa Route avant lesdits six mois expirez, l'Estape luy doit estre fournie.

X L V I I I.

Pour faire expedier des Routes par les Commandans ou Intendans, aux Recrûës des Regimens qui auront changé de garnison.

LORSQUE les Officiers conducteurs de recrûës ou remontes, apprendront pendant leur marche que les Regimens qu'ils iront joindre auront changé de quartier ou de garnison, ils se presenteront avec leurs recrûës ou remontes aux Commandans ou Intendans des Provinces

où

où ils ſe trouveront, pour qu'ils leur expédient de nouvelles Routes , ſur leſquelles Sa Majeſté veut que l'Eſtape
ſoit fournie auſdites Recrûës ou Remontes juſqu'aux quartiers ou garniſons où ſeront leurs Regimens; auquel cas
leſdits Commandans ou Intendans retireront deſdits Officiers les Routes dont ils ſeront porteurs, & les adreſſeront
au Secretaire d'Eſtat de la guerre, avec des copies de celles
qu'ils auront expédiées : obſervant de marquer dans leſdites
nouvelles Routes le nombre effectif des hommes ou chevaux qui leur auront eſté preſentez.

X L I X.

LORSQUE quelque Officier ſe trouvera porteur de deux
Routes, ſoit du Regiment dont il ſera, ou d'un autre, &
qu'il conduira une recrûë, l'Eſtape ne luy ſera fournie que
ſur l'une deſdites Routes, pour le nombre d'hommes qu'il
conduira; & l'autre ſera retenuë par les Magiſtrats, & renvoyée incontinent au Secretaire d'Eſtat de la guerre, pour
en rendre compte à Sa Majeſté & recevoir ſes ordres ſur
le châtiment dudit Officier.

Contre les por-
teurs de pluſieurs
Routes.

L.

SUPPOSÉ qu'on vinſt à preſenter de fauſſes Routes aux
Maires, Echevins, Conſuls ou Syndics des lieux d'Eſtape,
& que la fauſſeté pût en eſtre vérifiée dans leſdits lieux;
Veut Sa Majeſté qu'à la pourſuite & diligence deſdits Magiſtrats, celuy ou ceux qui s'en trouveront porteurs ſoient
arreſtez & mis dans les priſons Royales les plus prochaines
du lieu où la fauſſeté aura eſté reconnuë; & que leſdits
Magiſtrats ſoient tenus d'en donner avis dans les vingt-quatre
heures au Secretaire d'Eſtat de la guerre, pour eſtre le
procez fait aux coupables ſuivant la rigueur de la Declaration du feu Roy du 20. Aouſt 1699. portant peine de
mort contre ceux qui contrefont les ſignatures des Secre-
taires d'Eſtat & des commandemens de Sa Majeſté; laquelle
mande & ordonne aux Prevoſts generaux, leurs Lieutenans
& tous autres Officiers ſur ce requis, d'arreſter & faire mettre
en priſon leſdits porteurs de fauſſes Routes.

Contre les fa-
bricateurs de
fauſſes Routes.

G

L I.

DEFFEND Sa Majefté aux Officiers commandant des
Regimens, ou conducteurs de recrûës ou remontes, de rien
changer ni rayer fur les Routes dont ils feront porteurs, ou
fur les Revûës des Commiffaires des guerres, Maires, Echevins, Confuls, Syndics ou Marguilliers, foit dans le nombre
d'hommes ou de chevaux, ou dans les dates, à peine d'eftre
caffez & mis en prifon pour trois ans; l'intention de Sa
Majefté eftant que la vérification des comptes des Eftapes
foit faite fur ce qui fe trouvera écrit tout au long & fans
chiffre fur lefdites Routes.

LII.

SA MAJESTÉ donnera fes ordres pour qu'il foit do-
refnavant adreffé aux Intendans & Commiffaires départis
dans les Provinces & Generalitez du Royaume, par le Secretaire d'Eftat de la Guerre, des extraits de toutes les
Routes qui feront expediées pour faire paffer dans leurs
Départemens tant les Troupes de Sa Majefté, que les recrûës & remontes; Voulant Sa Majefté que copies defdits
extraits foient remifes par lefdits Intendans à l'Entrepre-
neur general des Eftapes de leurs Départemens, afin qu'il
puiffe connoiftre & faire connoiftre aux Entrepreneurs
particuliers, celles fur lefquelles l'Eftape devra eftre fournie : Ordonne Sa Majefté que lefdits extraits de Routes, ainfi
que les Revûës envoyées par les Officiers municipaux, fer-
viront à faire la vérification de la dépenfe des Eftapes,
avant de pouvoir eftre paffée dans les comptes par lefdits
Intendans ; lefquels viferont lefdits extraits de Routes &
Revûës, comme pieces juftificatives de la fourniture.

LIII.

VEUT Sa Majefté que dans les Routes qui feront doref-
navant expediées, tant par le Secretaire d'Eftat de la guerre,
que par les Officiers generaux, Commandans, Intendans
ou Commiffaires des guerres, tous les lieux de paffage & de
fejour foient diftinguez & féparez par des intervalles fuffi-
fans, pour que les Officiers municipaux puiffent inferer la
revûë qu'ils auront faite, fuivant le modelle qui fera joint à

la presente Ordonnance ; observant d'y écrire le nombre de chaque qualité d'Officiers , & celuy des Soldats , Cavaliers ou Dragons, d'y marquer le jour de l'arrivée & celuy du départ, le Numero de la Route, & de dater les revûës par jour, mois & an , le tout sans chiffres ni abreviations.

LIV.

S'IL arrive que quelques Maires, Echevins, Consuls, Syndics ou Marguilliers composent avec les Officiers d'une Troupe, pour convertir l'Estape en argent, ou qu'ils envoyent au Secretaire d'Estat de la Guerre & à l'Intendant de la Generalité la copie de la Route d'une Troupe, recruë ou remonte qui n'y aura point passé ou sejourné, en y joignant le certificat de la revûë qu'ils supposeroient en avoir faite, ou qu'ils employent dans leurs revûës plus d'hommes ou de chevaux qu'ils n'y en auroient effectivement trouvez; Sa Majesté veut qu'ils soient condamnez à un bannissement de six ans hors du Royaume, & en trois cens livres d'amende appliquable au profit de l'Hôpital general de la Ville principale de la Generalité , & declarez incapables d'exercer aucunes Charges publiques.

LV.

VEUT Sa Majesté que le Commandant , Major & Officier chargé du détail, ou Officier conducteur de recruë ou remonte, qui aura converti quelque place d'Estape en argent , soit cassé & mis pour un an en prison.

LVI.

FAIT deffenses Sa Majesté aux Estapiers de rien diminuer ou alterer des quantitez & qualitez des denrées portées par la presente Ordonnance, & d'en rien racheter, sous quelque prétexte que ce puisse estre , à peine de mille livres d'amende pour la premiere fois, & de bannissement hors du Royaume en cas de recidive. Deffend aussi Sa Majesté aux Officiers de ses Troupes, de faire ausdits Estapiers aucune proposition , instances ou menaces sur ce sujet, à peine d'estre cassez & mis en prison pour un an.

LVII.

LES Entrepreneurs des Estapes de chaque Département,

*des Comptes des
Eftapiers.*

preſenteront tous les mois aux Intendans les comptes de la fourniture qu'ils auront faite le mois précedent, afin qu'ils puiſſent eſtre arreſtez & envoyez au Secretaire d'Eſtat de la Guerre dans les vingt premiers jours du mois ſuivant; obſervant de comprendre dans leſdits comptes toutes les pieces relatives au mois pour lequel ils ſeront ren-dus, ſans pouvoir eſtre tranſpoſées dans le mois ſuivant.

LVIII.

*Sur l'arreſté
des Comptes des
Eſtapes par les
Intendans.*

SA MAJESTÉ voulant ſçavoir tous les mois le montant de la dépenſe des Eſtapes, Elle ordonne aux Intendans d'arreſter les comptes de la fourniture qui en aura eſté faite dans leurs Départemens, dans les vingt premiers jours du mois ſuivant; de maniere que le compte de Jan-vier ſoit arreſté & envoyé au Secretaire d'Eſtat ayant le Département de la Guerre, le 20. Fevrier au plus tard, & ainſi de ſuite de mois en mois: Et Sa Majeſté entend qu'ils ne paſſent aucune dépenſe dans les comptes des Eſtapiers, que ſur les copies des revûës & extraits des Routes qui leur ſeront repreſentées par leſdits Eſtapiers, leſquelles ſeront confrontées lors de l'arreſté deſdits comptes ſur les copies des revûës & extraits de Routes que les Maires, Echevins, Conſuls, Syndics ou Marguilliers auront dû en-voyer aux Intendans, ſuivant qu'il leur eſt enjoint par les Articles XXXI. & XXXII. de la preſente Ordonnance: Voulant Sa Majeſté, que les acquits de ladite fourniture qui n'auront pas eſté compris dans le compte du mois dans lequel elle aura eſté faite, faute d'avoir eſté remis dans le temps preſcrit, ne puiſſent eſtre compris dans les comptes des mois poſterieurs, ſous quelque prétexte que ce puiſſe eſtre, enjoignant auſdits Intendans d'en rayer dans ce cas la dépenſe purement & ſimplement.

LIX.

*Comptes des
Troupes de la
Maiſon de Sa
Majeſté.*

VEUT Sa Majeſté que leſdits Intendans arreſtent des comptes ſéparez de la fourniture qui ſe trouvera avoir eſté faite aux Regimens de ſes Gardes Françoiſes & Suiſſes, Gardes de ſon Corps, Gendarmes, Chevaux-legers, & Mouſquetaires de ſa Garde, Gendarmes & Chevaux-legers

de

de ſes Compagnies d'Ordonnance de la Gendarmerie, & à ſa Compagnie des Grenadiers à cheval ; attendu que cette dépenſe doit entrer dans les comptes des Treſoriers generaux des Troupes de ſa Maiſon.

LX.

Sɪ quelqu'un des Entrepreneurs, Directeurs ou Commis preſentoient aux Intendans, des reçûs d'Officiers, ou certificats de Routes & de revûës, faux ou falſifiez, Sa Majeſté veut que leur procès leur ſoit fait & parfait comme fauſſaires, ſuivant la Declaration du 20. Aouſt 1699.

Sur les faux Acquits.

LXI.

Aꜰɪɴ que les Maires, Echevins, Conſuls, Syndics ou Marguilliers, & Eſtapiers des Villes & lieux d'Eſtape ne puiſſent ignorer les intentions de Sa Majeſté au ſujet de la fourniture des Eſtapes ; Elle veut & entend que la preſente Ordonnance ſoit regiſtrée ès Regiſtres des Hôtels de Ville ou des Communautez des lieux d'Eſtape, & affichée dans leſdits Hôtels de Ville & chez les Eſtapiers ; Que leſdites Affiches ſoient renouvellées tous les ans ; Et que ceux deſdits Magiſtrats qui ſortiront de Charge, la faſſent lire en preſence de ceux qui leur ſuccederont, & en tirent d'eux un certificat qu'ils envoyeront au Secretaire d'Eſtat de la guerre, à peine de cent livres d'amende, appliquable à l'Hôpital du lieu ou au plus prochain.

Pour la notification de l'Ordonnance.

Mᴀɴᴅᴇ & ordonne Sa Majeſté aux Gouverneurs & ſes Lieutenans generaux en ſes Provinces, aux Intendans en ſes Provinces, Generalitez & frontieres, de tenir la main à l'execution de la preſente Ordonnance, laquelle leſdits Intendans feront publier & afficher en chaque lieu d'Eſtape, où ils en feront remettre des copies imprimées aux Maires, Echevins, Conſuls, Syndics ou Marguilliers, & Eſtapiers, afin qu'aucun n'en prétende cauſe d'ignorance. Fᴀɪᴛ à Verſailles le treiziéme jour de Juillet mil ſept cens vingt-ſept. *Signé* LOUIS. *Et plus bas,* LE Bʟᴀɴᴄ.

H

MODELLE *de Route pour un Corps de Troupe, d'Infanterie, Cavalerie ou de Dragons.*

N.º deux cens cinquante-deux. *CHEMIN que tiendra le Regiment du Colonel general de la Cavalerie, composé de douze Compagnies avec l'Eſtat-Major, pour ſe rendre à Chaalons.*	*REVUES des Maires, Echevins, Conſuls, Syndics ou Marguilliers des Villes & lieux de paſſage du Royaume.*
GENERALITEZ. Partant de S.ᵗ Denis ira loger à Claye.	Arrivé à Claye le premier du mois de Novembre, pour en partir le deuxiéme dudit mois, compoſé d'un Meſtre de Camp, un Lieutenant-Colonel, un Major, un Ayde-Major, dix Capitaines, douze Lieutenans, douze Maréchaux des Logis, cinq cens quarante Cavaliers, & cinq cens quarante chevaux, & un Chirurgien. *Signatures des Maires & Echevins.*
Paris.	
A Meaux.	Arrivé à &c.
A la Ferté ſous Jouarre où il ſejournera un jour.	Arrivé à &c.
Chaalons. . . . A Château-Thierry.	Arrivé à &c.

GENERALITEZ.		REVUES des Maires, Echevins, Consuls, Syndics ou Marguilliers des Villes & lieux de passage du Royaume.
Chaalons. . . .	A Dormans. . . {	Arrivé à &c.
	A E'pernay. . . {	Arrivé à &c.

A Chaalons où il restera jusqu'à nouvel ordre.

AUx lieux de passage cy-dessus, les Vivres & Fourrages necessaires seront fournis par Estape aux presens & effectifs, comme il est expliqué par l'Ordonnance du treiziéme Juillet mil sept cens vingt-sept. FAIT à   le

Sera signé LOUIS. *Et plus bas* par le Secretaire d'Estat de la Guerre.

NOUS COMMISSAIRE *des Guerres au Département*
de Paris; Certifions avoir cejourd'huy trente-uniéme du mois
d'Octobre mil sept cens vingt-sept, fait la Revûë du Regiment
du Colonel general de la Cavalerie, qui doit partir de Saint
Denis le premier de Novembre sur la Route de Sa Majesté
cy-devant écrite, pour aller par Estape à Chaalons, où il
restera jusqu'à nouvel ordre : lequel Regiment est composé,
Sçavoir de

M.	Mestre de Camp present.	M.	Lieutenant present.	Place pour les Cornettes, s'il y en a.
M.	Lieutenant-Colonel present.	M.	Lieutenant	
M.	Major present.	M.	Lieutenant	
M.	Ayde-Major present.	M.	Lieutenant	
M.	Capitaine present.	M.	Lieutenant	
M.	Capitaine	M.	Lieutenant	
M.	Capitaine	M.	Lieutenant	
M.	Capitaine	M.	Lieutenant	
M.	Capitaine	M.	Lieutenant	
M.	Capitaine	M.	Lieutenant	
M.	Capitaine	M.	Lieutenant	
M.	Capitaine	M.	Lieutenant	
M.	Capitaine			
M.	Capitaine	Le S.r	Chirurgien.	

Et M.rs . . . .

. . . . Reformez.

De Douze Maréchaux des Logis & de Cinq cens quarante Cavaliers, Timbaliers ou Trompettes, & de
Cinq cens quarante Chevaux effectifs.

FAIT & arresté les jour, mois & an que dessus.

MODELLE *de Route pour une Recrüe ou Remonte.*

N.º Quinze mille deux cens cinquante. *CHEMIN que tiendront quinze hommes de Recrüe, commandez par un Lieutenant, avec un Sergent, pour aller joindre la Compagnie Generale du Regiment de Picardie en garnison à la Fere.*		*REVUES des Maires, Echevins, Consuls, Syndics & Marguilliers des Villes & lieux de passage du Royaume.*
GENERALITEZ.	Partant de Versailles iront loger à Saint Denis.	Arrivez le premier Novembre mil sept cens vingt-sept, pour en partir le deux du mesme mois, un Lieutenant, un Sergent & douze hommes. *Signatures des Maires & Echevins.*
Paris.	A Luzarche. . . .	Arrivez le deux Novembre mil sept cens vingt-sept, pour en partir le trois, un Lieutenant, un Sergent & dix hommes. *Signatures des Maires & Echevins.*
	A Senlis où ils sejourneront un jour.	Arrivez le &c.
	A Compiegne. . .	Arrivez le &c.
Soissons.	A Noyon.	Arrivez le &c.
	A la Fere où ils joindront ledit Regiment.	

AUx lieux de passage cy-dessus, les Vivres & Fourrages necessaires seront fournis par Estape à ladite Recrüe, comme il est expliqué par l'Ordonnance du treiziéme Juillet mil sept cens vingt-sept. FAIT à le

Sera signé LOUIS. *Et plus bas* par le Secretaire d'Estat de la Guerre.

INFANTERIE, CAVALERIE,
OU DRAGONS.

REGIMENT

d

Vû

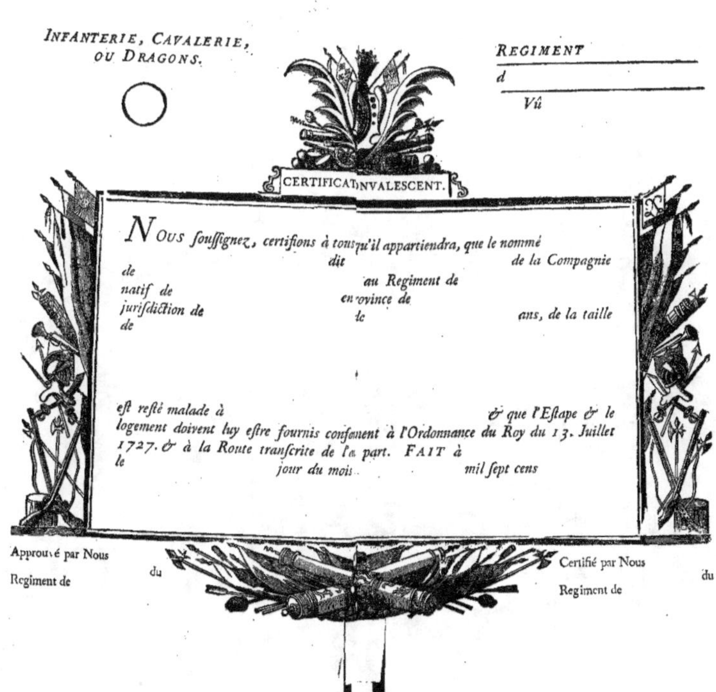

9 782329 279183